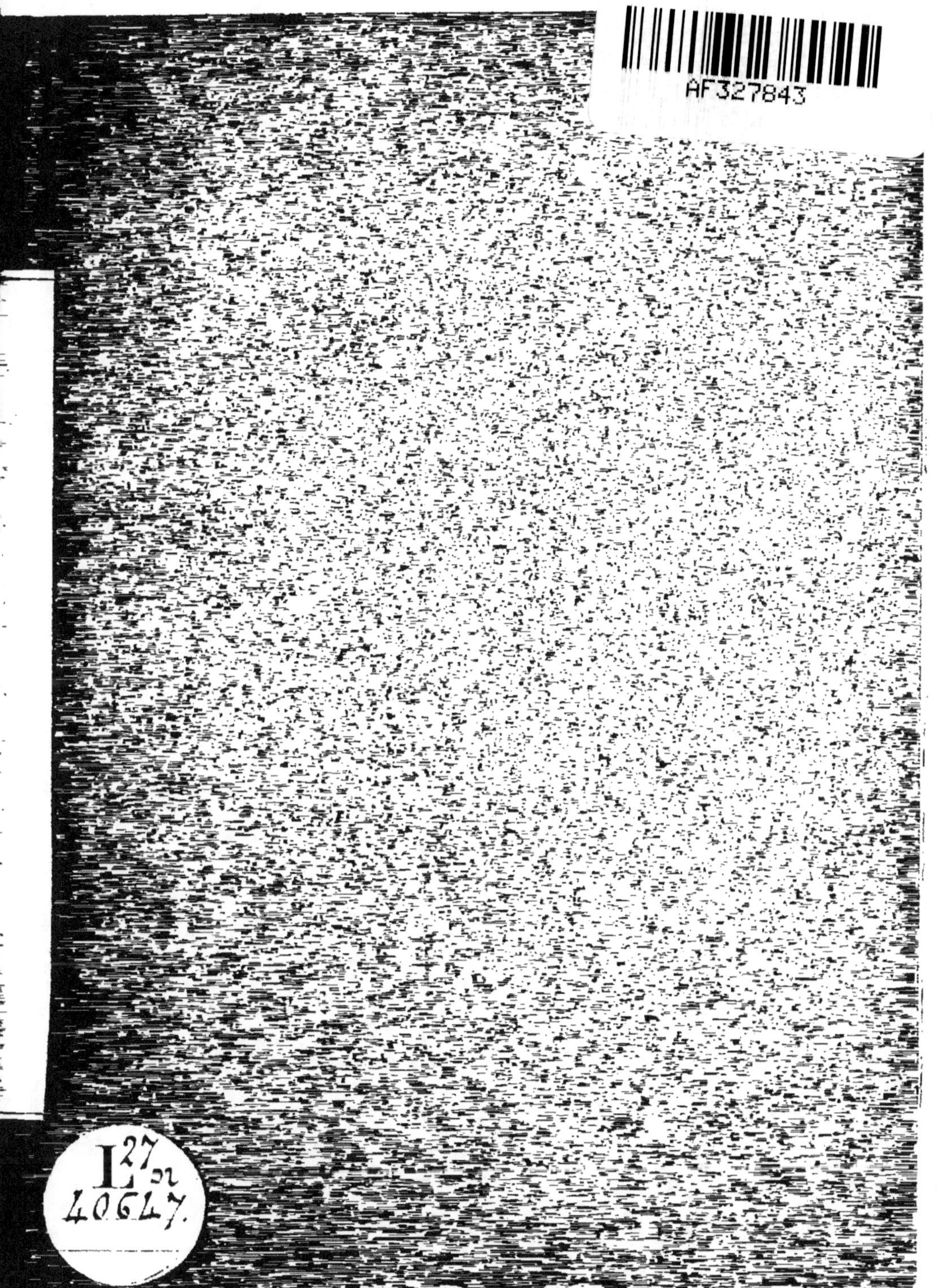

LE DOCTEUR

HENRI ROGER

Médecin honoraire de l'Hôpital des Enfants
Ancien Président de l'Académie de Médecine
Président de l'Association générale de Prévoyance et de Secours mutuels
des Médecins de France

DISCOURS

PRONONCÉ A L'ASSEMBLÉE GÉNÉRALE

De l'Association des Médecins de France

LE 24 AVRIL 1892

PAR

M. LE DOCTEUR A. RIANT

Secrétaire général

PARIS

IMPRIMERIE ALCAN LÉVY, 24, RUE CHAUCHAT

1892

Le Docteur Henri ROGER

LE DOCTEUR
Henri ROGER

Médecin honoraire de l'Hôpital des Enfants
Ancien Président de l'Académie de Médecine
Président de l'Association générale de Prévoyance et de Secours mutuels
des Médecins de France

DISCOURS

PRONONCÉ A L'ASSEMBLÉE GÉNÉRALE

De l'Association des Médecins de France

LE 24 AVRIL 1892

PAR

M. LE DOCTEUR A. RIANT

Secrétaire général

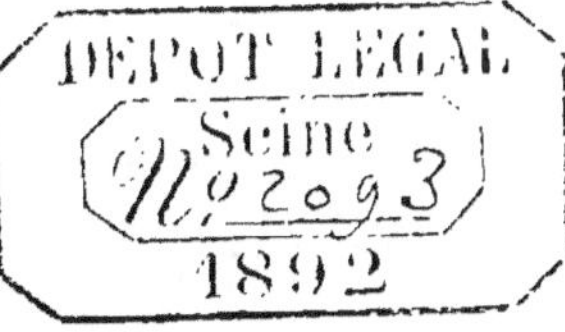

PARIS

IMPRIMERIE ALCAN LÉVY, 24, RUE CHAUCHAT

1892

LE DOCTEUR

Henri ROGER

Messieurs et chers Collègues,

Je dois aux fonctions dont vous avez bien voulu me charger, et à l'amicale et trop flatteuse confiance de notre vénéré et regretté Président, M. Henri Roger, l'honneur d'être appelé à rendre ici hommage à sa mémoire.

Mais, comment répondre à ce que vous êtes en droit d'attendre de moi dans cette circonstance?

Comment rendre à M. Henri Roger, un hommage digne de ce Président quatre fois réélu par vous; digne de ce confrère aimé, de ce maître vénéré, de cet ami sûr, digne surtout de son dévouement sans bornes, de sa générosité inépuisable; digne de l'homme qu'il fut, l'homme de bien par excellence?

Tel est celui dont je dois parler, devant ses collaborateurs, devant ses confrères, ses collègues, ses amis!

Cette tribune est celle-là même où la voix de M. Roger a été tant de fois applaudie.

L'amphithéâtre, dans lequel je vais prononcer son éloge, retentit encore de l'éloquence de cette parole d'un tour si gaulois, et d'une pureté toute classique!

Tant de souvenirs qui me troublent et m'accablent, tant de témoignages de la grandeur de la perte faite par notre Œuvre, tout m'indique la seule issue laissée à ma faiblesse: raviver des souvenirs encore si présents à vos mémoires, rappeler des actes de dévouement et de générosité toujours chers à vos cœurs, des bienfaits perpétués qui survivent à l'homme, comme pour éterniser sa mémoire, et parlent plus haut et plus éloquemment que tous les éloges.

De tels faits ont un langage. Nous les laisserons nous instruire, ou plutôt, c'est vous, cher et vénéré

Maître, qui parlerez encore. N'êtes-vous pas toujours présent parmi nous ? Votre esprit ne semble-t-il pas planer encore dans cette enceinte ?

Les morts ne sont pas morts pour ceux qu'ils ont aimés !

C'est vous qui l'avez dit.

Parlez-nous donc ! Montrez-nous, à mesure que va se dérouler le récit de votre belle et noble vie, le médecin fils de ses œuvres, le savant toujours curieux de savoir plus encore, le praticien portant partout le sentiment de l'honorabilité et de la dignité médicales, rehaussant la pratique et l'enseignement de la médecine par le culte, aujourd'hui trop dédaigné, des lettres ; dites-nous, par votre exemple, ce que la leçon de clinique gagne à être faite par un lettré, ce que vaut, pour le praticien lui-même, cette supériorité littéraire que rien ne supplée.

Mais ici surtout, apprenez-nous combien c'est un devoir étroit, un véritable bonheur pour l'homme arrivé, pour le savant comblé d'honneurs mérités, en possession de l'estime et de la faveur publiques, de consacrer une large part de sa vie et de sa fortune à aider ses confrères moins favorisés, à entretenir le feu sacré de l'affection et le sentiment de la solidarité parmi les membres du corps médical, à encourager par la parole et par l'exemple, la passion de faire le bien. Vous avez si bien réussi dans cette œuvre ! Vous avez eu une si large part dans la réalisation de cette fortune que l'Association emploie en pensions, en secours pour les confrères moins heureux, les veuves, les orphelins !

A ce moment où de difficiles problèmes se posent devant l'Association, ah ! dites-lui, cher Maître, — ce que vous me disiez dans les entretiens des heures suprêmes : — que, dans la direction des institutions charitables ou bienfaisantes, la plus sûre inspiration est celle qui vient du cœur ; que la marche en avant est la condition de la vie des Œuvres ; qu'enfin, tant qu'il reste quelque bien à réaliser, c'est vers cet idéal qu'il faut orienter tous ses efforts, car, pour l'homme, il n'est

qu'une crainte : n'avoir pas fait, là où il a passé, tout le
bien qu'il pouvait faire !

Voilà, Messieurs, les exemples, la leçon que nous
offre la vie si honorable, si pleine d'œuvres de M. Louis
Henri **Roger**, médecin honoraire de l'hôpital des
Enfants, ancien Président de l'Académie de médecine,
Président de l'Association générale de prévoyance et
de Secours mutuels des médecins de France.

I

M. Louis Henri Roger était né, à Paris, le 13 juin
1809. L'heureux et aimable milieu dans lequel se
passèrent son enfance et sa première jeunesse fut
singulièrement favorable au développement des excellentes dispositions qu'il avait reçues en naissant.
L'hérédité et l'éducation firent leur œuvre à souhait.
De sa mère, M. Henri Roger reçut cette grâce et ce
charme qui le distinguèrent toujours. Son père lui avait
transmis un esprit fin, délicat, un caractère enjoué, un
cœur excellent ; il s'imposa la tâche de cultiver ces
dons. Tout semblait concourir à cette œuvre.

A mesure que l'enfant grandissait, des éducateurs
de choix se réunissaient, comme pour orner son esprit
et former son caractère : c'étaient son père, homme de
lettres, d'esprit et de cœur ; sa mère, douée de bril-
lantes qualités, et les auteurs les plus distingués du
temps, hôtes habituels du salon de la famille Roger.

Le père de M. Henri Roger était né à Langres en
1776. Après de fortes études littéraires, il était venu
faire son droit à Paris. On le destinait à succéder à son
oncle, un des meilleurs avocats consultants du Parlement de Paris.

Vingt mois passés sous les verroux de la Terreur
changèrent sa vocation. Déjà familier des grands
maîtres de la littérature, le prisonnier avait cherché à
adoucir les ennuis d'une longue captivité par l'étude
des comiques Italiens. La porte de sa prison s'ouvre
enfin ! Il court applaudir les auteurs qui, à la fin du
siècle dernier, se disputaient la palme de la comédie :

les Andrieux, les Picart, les Duval... Applaudir les autres ne lui suffit pas ; il veut être applaudi lui-même ! Il compose une série de pièces, dont les premières, représentées de 1800 à 1806, obtiennent des succès dramatiques également approuvés par la morale et par le goût.

M. Roger est bientôt envoyé au Corps Législatif par ses concitoyens de la Haute-Marne, appelé par le Ministre au Conseil de l'Université, où il siège à côté du cardinal de Beausset, de M. de Bonald, de Cuvier. Enfin, nommé inspecteur général des Études, il publie, en 1807, un *Théâtre classique*, « dont les notes pleines de fines remarques et de judicieux rapprochements attestent, dit M. Patin, le savoir et le goût d'un littérateur consommé. »

Pendant quinze années, le père de M. Roger reste attaché, sous le titre de Secrétaire général, à la Direction des Postes. En 1817, il est élu membre de l'Académie française, où il succède à M. Suard.

Un excellent juge, M. Patin, nous apprend combien son prédécesseur, M. Roger, était apprécié de l'Académie. « Toujours il nous représentera, a-t-il dit, cette droiture de caractère, cette aménité de mœurs, cette élévation du goût, qui doivent, autant que le talent, recommander l'homme de lettres. »

S'il avait de la littérature, le père de M. Roger ne manquait ni d'esprit dans ses ouvrages ni d'à-propos dans la conversation.

C'est lui qui, un jour, mettant son esprit au service de son cœur, dit à M. Beugnot, alors ministre de l'Intérieur :

« Il y a une place de médecin vacante à Bicêtre ; pour traiter des fous, il vous faut un homme d'esprit : prenez Pariset. »

Et Pariset fut nommé.

Du côté paternel, M. Henri Roger avait donc de qui tenir.

Le salon de sa mère était fort à la mode ; elle y recevait les beaux esprits de l'époque. Dans les pages de son album, j'ai trouvé des poésies, des pensées, des proverbes signés de noms tels que ceux de Châteaubriand, Villemain, Soumet, Théodore Leclercq, Emile Deschamps, Jules de Rességuier, Ch. Nodier, Campenon, Pariset.

Tels étaient les amis qui se rencontraient dans le salon de M. Roger, de l'Académie française, au commencement du siècle.

Aussi, quand il sortait de la main de ses maîtres des collèges Louis-le-Grand ou Sainte-Barbe, car il fut un élève distingué de ces deux établissements, M. Henri Roger trouvait encore, auprès de son père ou des hôtes d'un salon qui tint noblement sa place parmi tant d'illustres salons littéraires, des maîtres de la pensée et du beau langage, une école de bon goût et de bonnes manières.

L'intelligence précoce du jeune homme sut mettre à profit tant d'heureuses circonstances.

On n'en saurait déjà douter quand on parcourt la correspondance du jeune collégien avec sa famille. Rien de plus charmant et de mieux tourné que ces épîtres de la quinzième année ; l'allure en est vive, le ton enjoué ; et quelle maturité de jugement ! quelle tendresse de cœur !

II

Bien armé pour le travail, la lutte, les concours, et la direction de sa vie, il s'agissait pour M. H. Roger de choisir une carrière. Les heures fortunées ont fui pour sa famille. Il a perdu sa mère. La Révolution de 1830 vient d'enlever à son père des fonctions lucratives. En philosophe et en homme d'esprit, l'ancien Secrétaire général des Postes se console de ce changement de fortune par le culte des lettres. On le voit, en 1835, recueillir et publier ses principaux ouvrages en deux volumes. Son panégyriste à l'Académie française vante « les excellentes notices dont l'auteur a enrichi son œuvre, notices où l'on trouve des détails pleins d'intérêt sur les ouvrages de M. Roger. et des tableaux charmants des mœurs de l'époque. » Quand une cruelle maladie viendra le frapper, sa fin sera adoucie par l'affection de sa famille, de ses amis et par les sentiments chrétiens qui avaient toujours rempli son âme; enfin, il aura eu la consolation de voir son fils Henri recueillir les premiers fruits de l'éducation qu'il lui avait donnée.

Aux études littéraires avaient succédé les études médicales. M. H. Roger n'avait pas hésité un instant sur sa vocation. Comment voir, chaque jour, à l'œuvre deux médecins des plus honorables et des plus éminents, proches voisins de sa famille, vivant dans la familiarité de son père, sans vouloir lui-même être médecin, et médecin comme eux !

Invincible attrait de l'honorabilité et de la science ! Exemples entraînants des maîtres ! Je ne m'étonne plus si le jeune étudiant en médecine semble brûler les étapes, franchir les obstacles. dans sa course victorieuse. Guersant, Blache, voilà ses modèles, ceux qu'il aime, qu'il admire aujourd'hui, ceux qu'il imitera demain !

En 1833, M. H. Roger est nommé interne des hôpitaux.

Des intérêts de famille l'appellent en Angleterre pour quelques semaines. Londres, la ville du brouillard et du *spleen*, ne le séduit guère ; mais il y noue d'excellentes relations médicales ; il suit les cliniques de *Saint-Georges* et de *Guy's Hospitals*; il recueille les éléments de travaux qui auront un jour les suffrages de l'Académie de médecine. On peut craindre que le charme de la mer ne retienne à Brighton, « cet admirateur d'un port sans vaisseaux, où, pour la première fois, dit-il, je vois la mer à mon aise, sans en être distrait par ce qui, ailleurs, en gâte la poésie. Et dire que ce spectacle, je l'ai de ma fenêtre, de mon lit, de mon fauteuil!... Ah ! c'est à n'y pas tenir; c'est à oublier presque.. .... ma lucarne de l'Hôpital Saint-Louis ? »

Pour un jeune Parisien, échappé de la rue Coq-Héron (ses parents habitaient à cette époque l'Hôtel des Postes), ou de la salle de garde de l'hôpital, la tentation était rude. M. H. Roger s'empresse de fuir « ces rivages enchanteurs », pour reprendre les rudes labeurs de l'internat. Il en est récompensé, en 1836, par la médaille d'or !

En 1839, M. H. Roger soutient une thèse sur l'*Auscultation et la valeur séméiotique des râles dans les maladies de poitrine*. C'est un sujet dans lequel il restera un maître, comme l'attestent les nombreuses éditions du *Traité d'Auscultation* publié, plus tard, en collaboration avec son ami Barth. Il est nommé médecin des hôpitaux en 1840, *à son premier concours*. Et maintenant, avec ses qualités, avec le bagage scientifique et littéraire qu'il possède, va s'ouvrir devant le jeune médecin des hôpitaux, une carrière dans laquelle fortune et honneurs l'attendent.

Quelques mois auparavant, le père de M. Henri Roger avait pu bénir l'union de son fils avec celle qui devait être la joie et l'honneur du nouveau foyer, celle que M. Roger trouva toujours veillant sur lui, avec la plus affectueuse, la plus tendre sollicitude, pendant sa vie de rude et incessant labeur, celle qui, un jour, devait prendre une large part dans son attachement à l'Œuvre de l'Association générale des médecins de France.

Médecin des hôpitaux, M. H. Roger aspire plus haut encore. Il se prépare aux concours de l'Agrégation. En 1844, il se voit préférer Beau, Béhier, Fleury, Grisolle, Tardieu.

Trois ans après, il est nommé professeur agrégé.

Ses deux thèses lui firent le plus grand honneur ; et l'on consulte encore avec intérêt sa thèse sur le *Contro-stimulisme* (1844) et celle sur les *Éruptions dans les fièvres* (1847).

Dans les services hospitaliers qui lui sont confiés, M. H. Roger saura donner sa mesure.

Sorti du Bureau Central, il passe successivement à l'hôpital des *Enfants-Assistés* et aux *Enfants-Malades*, à cet hôpital de la rue de Sèvres, où, pendant vingt-deux ans, il a été, dit le Secrétaire général de la Société médicale des hôpitaux, M. Rendu, « le maître le plus incontesté de la clinique infantile. »

Quand la limite d'âge l'atteint en 1875, M. H. Roger est, de la part de ses élèves, l'objet de la plus touchante et la plus flatteuse manifestation.

Partout, pendant cette longue et laborieuse carrière, on a vu M. H. Roger se montrer clinicien accompli, observateur plein de zèle et de sagacité. La Société médicale des Hôpitaux a rendu un hommage mérité aux qualités éminentes de M. H. Roger, comme médecin, comme auteur de mémoires toujours consultés, parce qu'ils sont toujours vrais, honnêtement faits, écrits avec talent; « beaucoup de ces travaux rendront impérissable le nom de leur auteur. »

Le médecin de l'hôpital de la rue de Sèvres est adoré de ses petits malades. Il ne l'est pas moins de ses élèves, et ceux qui ont connu M. H. Roger, dans toute la plénitude de son talent, et la séduction de sa personne, comprennent à merveille que les élèves, ayant obtenu la médaille d'or de l'internat, se soient disputé un service où l'on apprenait la médecine de la bouche d'un savant et d'un homme d'esprit. Ah ! la méthode était bonne, Messieurs, si on la juge par les fruits qu'elle a portés ! Les élèves de M. H. Roger ne sont-ils pas devenus des maîtres et des meilleurs que nous connaissions? J'en dirais davantage, s'il ne s'en trouvait tant parmi ceux qui m'écoutent.

On ne peut avoir vu M. H. Roger dans son service d'hôpital, on ne peut avoir suivi sa clinique, connu sa scrupuleuse et intelligente habitude d'observation, sans apprécier son savoir et sa conscience. Mais à sa manière d'approcher un malade, un enfant, à son adresse à l'interroger, à ses procédés charmants pour acquérir d'emblée sa confiance et son amitié, on devine qu'il y a dans ce médecin quelque chose de plus qu'un savant : il y a un homme, un homme de cœur et d'esprit. L'enfant le sait bien; l'enfant a, pour s'en convaincre, mille riens qui échappent au malade adulte; il se confie à qui le traite avec tant d'adresse et d'affection.

Un jour, M. H. Roger avait tracé le portrait du *médecin des enfants*.

« Certaines qualités, disait-il, sont plus particulièrement exigées de lui. A la fois prudent et décidé, il devra saisir d'un coup d'œil les premiers traits de la maladie, la deviner à travers un diagnostic complexe, il devra être prompt à porter un jugement certain et fondé sur l'expérience. Mais, avant tout, il devra être doux et patient ; qu'il ait l'art d'aborder ses petits malades, qu'il leur sourie, qu'il s'accommode à leur langage, et se prête même à leurs jeux, qu'il aime les enfants, qu'il soit bon et affable, qu'il ait le *cœur maternel*. Le praticien savant et expérimenté qui possède l'heureux assemblage de ces dons de l'esprit et de ces qualités morales, sera le médecin des enfants par excellence. »

Personne, mieux que M. H. Roger, ne possédait ces grâces d'état ! Aussi rencontrait-il un grand et légitime succès dans la clientèle. Comment ses jeunes clients ne seraient-ils pas vite à l'aise avec ce médecin au regard si doux, aux manières si engageantes ? Une parole insinuante, d'aimables caresses les prévenaient en sa faveur ! D'eux, il obtenait tout, parce que pour les mieux traiter, il savait s'en faire aimer.

Auprès des adultes, il ne réussissait pas moins. C'est qu'il avait pour principe qu'on peut être un savant médecin sans cesser d'être un homme du monde, et sans laisser son esprit à la porte de la chambre d'un malade.

Son gracieux visage (1) apporte déjà le calme et l'espérance. Douceur de la parole, habileté dans les questions, sûreté de coup d'œil, expérience, autorité, mots heureux, diversions bien trouvées, il résume en lui tout ce qui inspire la confiance du malade et de son

(1) Ses traits ont été fidèlement reproduits par la sculpture, dans le beau buste en marbre de Lequesne. Madame Roger a bien voulu — qu'elle reçoive ici l'expression de la reconnaissance de l'Association générale. — offrir une reproduction en bronze de ce buste, pour la salle des séances du Conseil. Il y sera désormais toujours présent, à côté des Rayer et des Tardieu.

entourage. Quel précieux et vraiment confraternel appui pour le médecin ordinaire ! Quel appoint pour la guérison, si elle est possible ! Quoi d'étonnant si d'heureuses transformations s'opèrent après la visite de ce médecin, non moins spirituel dans ses ordonnances que dans ses conseils et son langage !

Si tout cela ne rendait pas, dans les mains de M. H. Roger, la pharmacie superflue, le peu qu'il en administrait, empruntait une singulière vertu à ces adjuvants si précieux que sa personne et son esprit savaient mettre en œuvre !

III

L'Académie de médecine ne devait pas tarder à ouvrir ses portes à un pathologiste que tant de qualités éminentes désignaient à son choix.

Ce fut par un Rapport singulièrement élogieux de Michel Lévy que la docte Compagnie lui donna droit de cité chez elle, dans la section de *Pathologie médicale*.

Le bagage scientifique de M. H. Roger comprenait plus de trente mémoires de pathologie médicale, dont la réunion aurait formé plusieurs volumes. (1)

(1) C'étaient des Rapports à la Société des médecins des hôpitaux, des traductions, des analyses, ou des exposés de découvertes médicales importées d'Angleterre ou d'Allemagne, « travaux dans lesquels l'auteur a fait preuve de jugement pratique, de précision dans les idées et le langage ».

C'étaient des recherches sur le pouls chez les nouveau-nés, sur la valeur séméiotique de la respiration saccadée, sur le bruit de Skoda, sur quelques signes fournis par la percussion, sur le sclérème dans la deuxième enfance, sur l'hémorrhagie ombilicale : c'étaient une note sur le premier exemple de croup (1839) *guéri, à l'hôpital, après la trachéotomie; une statistique raisonnée du croup, portant sur 446 cas, et des conclusions sur l'efficacité de la trachéotomie, d'après des chiffres relevés par l'auteur, dans son service, en 1859 et 1860. A ces travaux s'ajoutaient : Un examen clinique destiné à déterminer l'époque où l'ossification des fontanelles est complète,* question si importante en médecine légale; *une étude sur le diagnostic du rachitisme et de l'hydrocéphalie; un mémoire sur la*

L'auteur, disait Michel Lévy, a beaucoup écrit, mais ses travaux se font encore plus remarquer par la qualité que par la quantité, par l'originalité du fond et une rare distinction dans la forme.

Si le rapporteur avait pu oublier que M. H. Roger était le fils d'un membre de l'Académie française, le candidat aurait rappelé son origine par la forme même de ses écrits. La conclusion était toute en faveur de cet esprit fin, élevé, pénétrant, nourri de fortes études littéraires, écrivain charmant, observateur éminent, praticien répandu ». (1)

En recevant M. H. Roger, l'Académie de médecine ne récompensait pas seulement ses travaux ; elle avait des vues sur lui pour l'avenir,

Il est, en effet, des candidats pour lesquels l'Académie de médecine est le couronnement d'une carrière d'honorabilité et de services rendus à la science. — Il ne saurait y avoir, pour le médecin, d'ambition mieux placée, de plus haute récompense.

Il est d'autres confrères dont le talent, la parole ou la plume promettent encore, non seulement des moissons nouvelles, mais une collaboration active aux travaux de l'Académie.

Ces espérances, M. H. Roger devait les justifier amplement. L'Académie qui l'avait admis en 1862, — appréciant des qualités dont il avait donné la preuve, soit dans ses ouvrages, soit dans ses fonctions de Secrétaire, et de Secrétaire général de la Société médicale des hôpitaux, — l'associait bientôt à son administration. Élu secrétaire annuel, il reste à ce poste, de 1873

---

dothiénentérie de l'enfance, appuyé sur 226 observations, sur la rhinonécrosie ; des recherches cliniques sur la paralysie consécutive à la diphthérie, sur la période d'incubation dans l'angine couenneuse, sur l'emphysème généralisé, une étude expérimentale de la chaleur animale dans les maladies ; de la température chez les enfants à l'état physiologique et pathologique (premières recherches qui aient été publiées sur ce sujet); enfin, l'auteur présentait, comme dernier titre : le Traité d'auscultation qu'il avait publié avec Barth, et qui devait rester classique.

(1) Michel Lévy, *Rapport à l'Académie*, 1862.

à 1878, transformant en de véritables fêtes de l'esprit, les séances dans lesquelles il fait une lecture.

Qui ne se souvient encore de ces chefs-d'œuvre de son esprit et de sa plume, ses Rapports sur les prix ? Quels séduisants tableaux il composait avec les éléments les plus simples ! Comme il savait d'un mot, d'un trait, provoquer le rire, le rire de bonne compagnie, un rire qui ne blessait jamais et qu'applaudissaient ceux-là même qui en faisaient les frais ! Il savait mettre du charme et de l'à-propos dans les sujets scientifiques les plus ardus. — Le lettré, l'érudit, le fin diseur, enlevait tous les suffrages.

En 1879, il devient Vice-Président de l'Académie, et Président, en 1880.

Toutes ces fonctions, il les exerce avec une scrupuleuse exactitude, il y apporte tous ses soins. Et cependant, son esprit observateur ne ralentit pas ses recherches ; sa plume écrit toujours avec la même distinction, et son œuvre ne cesse de grandir (1).

Tant de travaux occupent son activité sans l'absorber. Les exigences d'une très importante clientèle multiplient ses devoirs. Ses confrères, ses élèves sollicitent l'avis d'un consultant aussi expérimenté que bienveillant, — d'un clinicien au coup d'œil sûr, à la thérapeutique ennemie des aventures, au pronostic que rien, même d'insolite, ne saurait tromper.

Entre temps, il écrit l'éloge, le panégyrique de plusieurs de ses collègues de l'Académie.

Nous venons de relire les très remarquables notices ou discours de M. H. Roger, sur plusieurs maîtres dont il avait été chargé de prononcer l'éloge.

1) Parmi les travaux publiés par M. H. Roger, depuis sa réception à l'Académie de médecine, il faut citer *la Sémiotique des maladies de l'enfance*, leçons professées en 1863 à l'hôpital des enfants, 1864 ; — *Les recherches anatomo-pathologiques sur la paralysie spinale de l'enfance*, 1871 (Roger et Damaschino) ; *Les recherches cliniques sur les maladies de l'enfance*, 2 vol. (1872 et 1883); *Les recherches cliniques sur la chorée, le rhumatisme et les maladies du cœur chez les enfants* (1867-1868); *L'étude clinique sur les hémorrhagies dans la coqueluche* (1879); *Les recherches cliniques sur la communication des deux cœurs* (1879) etc.

Cette lecture aurait fait tomber la plume de nos mains, si un pieux devoir ne nous ordonnait d'achever notre trop imparfaite esquisse d'un peintre si merveilleusement doué.

Comment ne pas rappeler l'éloquent discours dans lequel revit pour nous l'admirable inventeur de l'auscultation, Laënnec, le premier qui, « appliquant l'oreille sur la poitrine d'un malade, entend le cri des organes souffrants, le premier qui comprend, note ces plaintes variées, ces modulations expressives des tubes aérifères ou des orifices du cœur, le premier qui saisit et fait connaître ce langage pathologique jusqu'alors incompris ou inentendu,..... donne comme un sens de plus au praticien, et, par l'oreille, ouvre à l'esprit un monde nouveau » (1) ?

Quel portrait que celui de Laënnec et avec quel art il l'encadre ! Vous vous rappelez les belles descriptions de la vieille Armorique : ne croit-on pas y respirer les senteurs de la lande embaumée ? Pour louer Laënnec, pour peindre ce bienfaiteur de l'humanité, dans son manoir de Kerlouarnec, trompant les approches de la mort « par la lecture des chefs d'œuvre de l'antiquité grecque et romaine, délices éternelles de l'esprit humain », quelle parole pouvait être mieux choisie que celle de cet autre ami des lettres et de l'humanité souffrante !

Dans la notice sur M. Blache (2), « à qui M. H. Roger était uni par une amitié datant des premières années de la vie, amitié doublée de gratitude et qui dura immuable pendant près de cinquante années », nous voyons le portrait d'un maître de la médecine infantile, tracé de la main d'un autre maître, qui avait illustré à son tour, par ses travaux, l'hôpital des Enfants-Malades.

Quel accent de sincère et profonde amitié et de haute estime dans les pages consacrées à la mémoire du Dr Barth, « le grand clinicien, le grand consultant,....

____

(1) H. Roger. *Discours prononcé à l'inauguration de la statue de Laënnec à Quimper* 1868. Bulletin de l'Académie de médecine, t 5 XXX, p 754.

(2) *Académie de médecine, séance du 16 septembre* 1870.

qui avait eu pour amis et pour obligés les plus illustres dans les sciences, les lettres et la politique » ; le professeur émérite, l'Académicien modèle, l'ami aux nobles passions : passion de la justice, de l'honnêteté, passion du dévouement confraternel et patriotique, celui que M. Roger appelait « l'affectueux compagnon de sa vie, le guide et le modèle de ses actions, son collaborateur précieux et fidèle pendant trente-sept années, celui qu'il disait la moitié de lui-même, et assurément la meilleure ! » (1).

S'agit-il enfin de l'inauguration de la statue du professeur Bouillaud, à Angoulême (2), ce n'est pas seulement le professeur obtenant au concours, à trente-cinq ans, la chaire des Corvisart et des Laënnec, l'auteur du Traité du *Rhumatisme* et des *Maladies du cœur*, ce n'est pas seulement l'érudit, l'écrivain accusé, comme Fontenelle, de donner un tour trop élégant et trop littéraire à des écrits scientifiques, ce n'est pas l'éloquent et puissant orateur, l'Académicien, le membre de l'Institut que M. H. Roger veut louer.

« J'ai vécu près de son esprit », dit-il « et j'en ai admiré la grandeur. Mais, pendant dix années, alors que nous présidions ensemble aux œuvres bienfaisantes de l'Association générale des médecins de France et à nos fêtes confraternelles, j'ai vécu près de son cœur, et j'ai vu tout ce qu'il contenait de bonté, tout ce qu'il renfermait de tendresses intimes ».

L'Académie savait le prix de la collaboration d'un membre aussi zélé et aussi éminent. Aussi quel deuil, lorsqu'elle apprit la mort du doyen de sa Section de pathologie médicale! Dans la séance solennelle du mois de décembre 1891, l'Académie dut entendre l'éloge du maître défunt, lu par le secrétaire perpétuel, son excellent ami le Dr Bergeron. Le style était digne du maître ; c'était la même verve, le même cœur ; mais celui qui avait écrit cet éloge, le Dr Féréol, secrétaire annuel de l'Académie, n'en avait achevé les derniers

(1) *Académie de médecine, séance du 11 décembre* 1877.
(2) *16 mai* 1885.

feuillets, qu'atteint lui-même de la maladie à laquelle
il devait succomber… avant de le prononcer !

M. H. Roger n'est plus ; ses œuvres, ses bienfaits
lui survivent :

Dans la séance de l'Académie, du 15 décembre 1891,
M. Bergeron, secrétaire perpétuel, annonçait à la Compagnie, « que M. H. Roger, avait institué un prix quin-
quennal de 2500 francs, destiné à récompenser le meil-
leur travail sur les maladies des enfants ». *Defunctus
adhuc loquitur.* L'Académie, la jeunesse studieuse
et ses petits malades tant aimés recevront encore de
lui une série de nouveaux bienfaits, perpétuant sa mémoire et la reconnaissance de tous.

IV

Tant d'activité de corps et d'esprit, ce travail incessant, cet empressement à se rendre partout où l'appe-
laient un malade, un ami, un confrère aux prises avec
une affection obscure ou difficile, chacun réclamant
de lui un bon conseil, l'appui d'une expérience et
d'une notoriété indiscutées ; cet esprit toujours éveillé,
ce corps toujours prêt, toujours dispos, malgré une
frêle et délicate apparence, — nous voyons encore
M. H. Roger descendant l'escalier, quatre marches à
la fois, courant se jeter dans sa voiture, ou montant,
avec la même rapidité juvénile, chez le malade auprès
duquel il est attendu, — cette bonne humeur cons-
tante, cette santé physique n'ayant reçu, pendant
quatre-vingts ans, aucune atteinte, tout cela, était-ce
chez M. H. Roger, l'effet d'une vitalité aussi heureuse
que rare ? Le secret n'en est-il pas plutôt dans une
vie admirablement réglée ?

Quelle sobriété d'anachorète ! Dans sa journée
d'étude, de visites, de consultations, combien peu de
place tenaient ses repas ! S'asseyant à peine pour les
prendre, il les interrompait sans paraître en souffrir.
Son menu, il l'avait réduit, dès sa jeunesse et pour
n'y jamais rien changer, à une exiguïté inouïe. Un
pareil règlement devait être antérieur à l'engouement

pour les viandes saignantes et les vins fortifiants. Car la viande rouge était bannie de son régime. Et quant au vin, il n'en usait pas pour lui-même. Si sa cave était bien garnie, c'était pour ses convives et ses amis auxquels il ménageait encore... le régal des fines saillies d'un esprit toujours alerte et avivé par un régime dont les œufs, des fruits et quelques pâtisseries faisaient presque tous les frais.

Il rappelait parfois qu'il avait eu, à un certain moment de sa jeunesse, l'estomac délicat. Est-ce à cette circonstance qu'il a dû ces habitudes d'hygiène alimentaire ? Ce qui est certain, c'est qu'elles l'ont conduit au-delà de quatre-vingts ans, justifiant l'adage médical : « *Novi homines ventriculo laborantes, qui nihiloseciùs ad summum pervenere senium.* »

Aux concessions exigées par le besoin de repos, M. H. Roger n'avait pas fait une plus large mesure.

Resté fidèle aux anciens usages, confrère, académicien modèle, il ne prenait que de très courtes vacances. Un premier voyage en Italie, accompli après son mariage, avait été comme une satisfaction donnée à ses souvenirs classiques. Cette intelligence, préparée à toutes les séductions du beau et du bien, avait reçu comme une première et inoubliable initiation de la vue des chefs-d'œuvre les plus achevés de la pensée et de l'art.

Son éducation artistique était commencée. Il la continuera dans ses rares moments de loisir.

Désormais, sauf quelques tours en Suisse, il devait se donner tout entier à sa vie active. Pour se délasser de ses travaux, il ne se permettait plus guère que les délicates satisfactions de l'homme de goût : une visite à un de ces nombreux musées, où Paris a accumulé tant de merveilles, une lecture de choix, l'audition d'une pièce jouée par un de nos premiers artistes, par un de ses clients, car il en avait partout et surtout parmi les gens de talent et d'esprit. Enfin, à l'heure où tout le monde quittait la ville, il y demeurait encore. Sa maison restait ouverte pour ses confrères, ses amis, ses collègues de province, toujours sûrs de trouver un bon conseil, un bon accueil auprès de ce Parisien incorrigible. Un seul tempérament était apporté à cette règle. En été, vers six heures, M. H. Roger, se faisait conduire, à travers le Bois de Boulogne, à sa campagne suburbaine du *Parc des Princes*, un petit *Tusculum* où l'on trouvait des eaux jaillissantes, des jardins admirablement entretenus, des fleurs à profusion, toujours renouvelées, force bibelots et souvenirs artistiques. enfin, toutes ces séductions d'un intérieur élégant, distingué, que Madame Roger savait si bien multiplier au *Parc des Princes* comme à Paris.

Le lendemain, dès huit heures, M. H. Roger regagnait le boulevard de la Madeleine ; il avait respiré, douze heures sur vingt-quatre, l'air pur de la campagne, sans avoir manqué ni un devoir, ni un rendez-vous, ni une séance d'Académie ou d'affaires, ni l'appel d'un confrère ou d'un malade, ni aucune obligation amicale ou professionnelle.

A la table hospitalière du *Parc des Princes*, il réunissait, en diverses séries, ses amis de la Faculté ou de l'Académie. Il y appelait aussi ses collègues, parisiens ou provinciaux, de l'Association générale des Médecins de France, qui ont gardé bon souvenir de ces réunions intimes,

L'admirable et verte vieillesse de M. H. Roger n'a point donné tort à ces goûts si simples et à ces habitudes, lui permettant de mener de front la vie active de Paris et la vie de campagne.

V

Mais, Messieurs, jusqu'ici, je semble n'avoir vu dans M. H. Roger que le savant, le praticien, l'homme d'esprit. j'ai hâte de vous montrer l'homme de cœur, et de placer devant vous quelques traits de sa qualité maîtresse entre toutes : la bonté.

Chez M. H. Roger, on voit la bonté rayonner au dehors, se révéler par des œuvres ; et cela, pendant toute la durée de sa vie. C'est elle qui en a fait le caractère et l'unité.

Son panégyrique pourrait se résumer en cette courte phrase : « *Il était bon !* » Il était bon en toutes choses et pour tous.

Encore étudiant en médecine, interne des hôpitaux, il trouvait le moyen de pratiquer, sur ses minces ressources, cette charité qui était en lui comme un don naturel.

Déjà, on connaissait sa générosité dans le cercle de ses relations intimes : pour beaucoup de ses amis, il n'a cessé d'être une véritable providence.

A peine sorti du Bureau central, et attaché à un service hospitalier, il donnait la mesure de son bon cœur.

En 1848, M. Henri Guéneau de Mussy, médecin des hôpitaux, avait dans ses salles une malade atteinte de pleurésie purulente. Appelé au château de Claremont, par Chomel, au moment où des accidents étranges d'empoisonnement par le plomb venaient de se produire parmi les membres de la famille royale en exil, M. Guéneau de Mussy est remplacé par M. H. Roger.

Non content de guérir la malade — ce qui, dans le cas présent, était déjà un coup de maître, — le jeune clinicien joint le secours de sa bourse à celui de son art.

Ce secours, il le répète pendant la convalescence et bien au-delà. En effet, de 1848 à 1891, pendant plus de quarante ans, ni cette femme, ni son mari n'ont cessé de recevoir régulièrement de la main de M. H. Roger des générosités annuelles. Combien il y a loin de là à cette bienfaisance de courte durée, que chacun connaît ! Celle-ci cède à l'occasion, ou se rend une fois à une importunité plus ou moins vive ; puis elle se désintéresse, oublie, et la main ne s'ouvre plus une fois fermée.

La charité de M. H. Roger était de celles qu'on ne lasse pas, que le temps ne saurait affaiblir. Loin de là, il semble qu'il aimait d'autant plus ses protégés que

ceux-ci réclamaient depuis plus longtemps ses services et qu'il les avait déjà comblés de ses largesses.

Oh ! si tous ceux qu'il a obligés ainsi pendant tant
d'années, et avec cette admirable persévérance, avaient
suivi ses obsèques, quelle longue *théorie* ils auraient
formée ! J'en ai vu plus d'un, les larmes aux yeux,
la reconnaissance et la douleur au cœur. Et au milieu des démonstrations si nombreuses et si éloquen-
tes de respect et de gratitude, que me rappelle le 18
novembre 1891, celle-là n'était assurément ni la
moins éloquente, ni la moins à l'honneur de l'homme de
bien que chacun pleurait.

A l'hôpital de l'Enfant-Jésus, il ne donnait pas seulement des soins médicaux à ses petits malades ; il y
ajoutait des dons gracieux pour ceux-ci, et des secours
à l'adresse des parents. Que de fois ses élèves en furent
les témoins émus !

Ses élèves, M. H. Roger les traitait comme ses
enfants ! De quelle manière délicate il leur venait en
aide, avec quel intérêt passionné il les suivait dans la
vie ! Quelle joie c'était pour lui, quand il les voyait
acquérir successivement le titre de Médecin des hôpitaux, d'Agrégé, de Professeur à la Faculté,... d'Académicien !

Que de traits de générosité je pourrais citer dans sa
vie de praticien !

Comme on le voyait s'élancer, — le mot n'est pas de
trop, — à l'appel d'un confrère, pour visiter un malade,
peu fortuné, fût-il logé bien loin, bien haut ! Il y a
de grandes chances pour qu'il ne reçoive que des re-
merciements en retour du service rendu : — qu'importe ?
ni l'heure, ni la distance ne l'arrêtent.

La consultation finie, chacun a beau insister pour
qu'il accepte des honoraires, il s'esquive, en laissant
malade, famille et confrère pénétrés de sa générosité.

Toujours la bonté du maître était rehaussée par le
tact, l'exquise délicatesse de ses procédés. Il faisait
le bien avec grâce, et avec cet esprit qu'il mettait en
toutes choses ; sans que jamais ce don - qui lui

avait été si largement départi — fit aucun tort à sa bienveillance

Chez beaucoup, sinon chez tous, l'esprit ne va guère sans une légère pointe d'ironie ; il est si facile d'exciter le rire aux dépens d'autrui ! « Eh bien ! jamais » — me disait un de ses élèves de prédilection, M. le professeur Peter — jamais je n'ai entendu mon maître — malgré tout son esprit ! — dire une parole de malveillance !

Comme une telle âme était faite pour compatir aux souffrances de ses confrères, et se dévouer à les soulager ! Un jour, la limite d'âge va atteindre le médecin de l'hôpital des Enfants-Malades ; il ne pourra plus se prodiguer à sa petite famille, à ses malades, à ses élèves de l'Enfant-Jésus. Mais qu'il ne se décourage pas, une grande famille vient de se former pour donner aide et protection aux membres de la profession médicale, et cette famille de huit mille confrères, M. H. Roger l'adoptera !

Voilà l'Œuvre à laquelle seront entièrement consacrées les quinze dernières années de sa vie.

VI

Il n'y a de véritable grandeur que pour l'homme capable de s'élever au-dessus de l'égoïsme, de s'oublier lui-même et de se dévouer aux autres. C'est, Messieurs, ce qui fait l'éminente dignité de la profession médicale, dans laquelle, poursuite du savoir, recherches les plus pénibles, sacrifice incessant de soi, risque perpétuel de la santé et de la vie, tout est ennobli, sanctifié, idéalisé par ce but final, cette perspective désintéressée et sublime d'être utile.

Quels éloges méritent ceux qui, au milieu de cette vie de sacrifices de tous les jours pour l'humanité souffrante, trouvent encore le moyen de créer, de développer, de doter des Œuvres comme l'Association générale de Prévoyance et de Secours mutuels des Médecins de France ! M. H. Roger était de ceux pour lesquels travail, dévouement, charitables efforts semblent avoir

déjà dépassé toute mesure. Mais non. Il sait combien
sont nombreuses les victimes du devoir professionnel,
quelle infinie variété de souffrances résulte de la vie
médicale généreusement acceptée, et de l'isolement dans
lequel restent, les uns par rapport aux autres, les membres de la profession.

Des hommes de cœur ont eu l'idée de remplacer
l'isolement par l'association, de combattre l'égoïsme,
l'indifférence par une grande œuvre de protection,
d'assistance et de moralisation ; ils veulent remplacer
la pratique du « *chacun pour soi* » par celle du « *chacun pour tous* ». Dès 1859, les statuts ont été approuvés et l'Œuvre est fondée.

Entre tant d'autres que je n'oublie pas, les Rayer, les
Amédée Latour, les Brun, les Larrey, les Tardieu, les
Hérard ont eu l'honneur d'être les pionniers de cette
œuvre d'affranchissement et de salut, de grouper
autour d'elle les noms les plus éminents de la profession, et de faire tomber dans sa caisse les plus généreuses offrandes.

M. H. Roger ne tarde pas à inscrire son nom parmi
ces dévoués confrères, et à verser, lui aussi, ses éco-
nomies dans cette étrange caisse d'épargne où, bien
que l'on place ses capitaux à fonds perdu pour soi, et
avec intérêts accumulés... pour les autres, on se sent
plus heureux à chaque versement,... n'a-t-on pas sauvé
du besoin ou de la misère un confrère, une veuve, un
orphelin ?

Séduit par des combinaisons financières aussi rares
qu'avantageuses, M. H. Roger s'empresse de se faire
admettre dans la Commission administrative de la
Société centrale de l'Association des Médecins de
France ; je l'y trouve dès l'année 1862. Il vient, comme
nous tous, Messieurs, y faire son charitable appren-
tissage, y voir de près, et dans toute leur navrante
profondeur, les misères professionnelles ignorées et
d'autant plus cruelles, sentir l'inoubliable émotion que
font naître ces plaies imprévues, et prendre les généreuses résolutions dont ses actes devaient tant de fois
et si largement témoigner.

De 1862 à 1866, il passe par cette initiation. En 1866, il est nommé membre du Conseil général ; il y paye sa bienvenue par la lecture d'un rapport fort applaudi, au nom de la commission de la souscription pour la statue de Laënnec. En 1867, en 1868, nouveaux discours, nouvelles ovations.

De 1872 à 1876, M. H. Roger dirige, en qualité de Président, la Commission administrative de la Société centrale. Enfin, le 16 mars 1876, il est nommé, pour cinq ans, Président de l'Association générale de Prévoyance et de Secours mutuels des Médecins de France.

Ce poste était de ceux que l'on peut légitimement envier. Il avait été occupé, à la fondation, par Rayer, qui y était resté, pour l'honneur et le bien de l'Œuvre naissante, du 1er août 1858 au 8 septembre 1867, jour de sa mort.

Tardieu lui avait succédé, le 17 juin 1868. Après avoir été un président modèle, il conservait la présidence honoraire de l'Association, lorsque M. H. Roger devint Président, nommé, lui le premier, non plus par décret, comme ses prédécesseurs, mais par le suffrage de toutes les Sociétés locales.

Heureuse notre Œuvre d'avoir eu des présidents d'une si haute distinction, et dont chacun fut un caractère !

C'est à l'honorable rapporteur de l'élection de M. H. Roger, placé à la tête de l'Association, pour la première fois, le 23 avril 1876, que je veux emprunter le jugement porté sur le Président nouvellement élu :

« Le vote unanime des Sociétés locales, disait M. Hérard, a voulu donner à notre éminent et sympathique confrère, M. H. Roger, un éclatant témoignage de haute estime, en même temps que de profonde gratitude pour les services signalés qu'il a rendus à l'Œuvre, pour son inépuisable générosité, pour son dévouement absolu à notre grande et féconde Association. »

M. Brouardel ajoutait, dans le Rapport général :

« Les deux vice-présidents, M. Bouillaud et M, le

Baron Larrey, ayant décliné l'honneur de présider
l'Association, le Conseil a dû chercher si, parmi les
membres de l'Œuvre, il était un médecin, pour qui la
sympathie du corps médical se fût affirmée par des
votes répétés et même unanimes ; si, doué de la qualité de se faire aimer, ce médecin avait témoigné de
son ardeur pour le succès de l'Œuvre par des preuves
répétées ; — si, aimé et généreux, il était, de plus,
désigné par des travaux scientifiques, dont la valeur
fût consacrée par les années ; — si, enfin, ardent et
muni de la notoriété que donnent les recherches
scientifiques et une longue honorabilité professionnelle, il pouvait consacrer à nos travaux un esprit
toujours jeune et actif. Le Conseil n'a pas hésité un instant sur le nom qu'il devait proposer à vos suffrages,
et vous a montré qu'il ne s'était pas trompé en dési-
gnant comme Président, notre excellent maître,
M. H. Roger. » (1).

Voilà, Messieurs, quel accueil était fait au nouveau
Président.

A chaque période quinquennale, les éloges doivent
s'élever à la hauteur des services rendus.

En 1886, après que M. H. Roger eût rempli pendant
dix ans les fonctions de la présidence avec un dévouement, une sollicitude incomparables et une inépuisable générosité, le Rapporteur, M. Bergeron, disait :

« Le scrutin qui appelle de nouveau M. Roger à la
Présidence est non seulement flatteur, mais véritable-
ment touchant, quand on voit les termes dans lesquels
les présidents ou les secrétaires du plus grand nombre des Sociétés font part du résultat. C'est avec un
grand sentiment de joie et de gratitude qu'ils annon-
cent, les uns et c'est le plus grand nombre, que
M. Roger a réuni l'unanimité des suffrages ; les autres
qu'il a été renommé par acclamation ; d'autres enfin,
qu'il a été proclamé Président à vie ; bref, c'est un
concert unanime de félicitations, récompense légitime

(1) *Assemblée générale du 23 avril 1876.*

des services rendus à l'Œuvre par notre Président. »
Avec quelle joie cet ami — de plus de quarante ans,
alors — annonçait à l'Assemblée générale de 1886, que
notre cher et éminent confrère avait obtenu cet honneur bien mérité, le plus grand auquel puisse aspirer
un membre de notre corporation, d'être élevé par ses
confrères à la Présidence de l'Association générale,
c'est-à-dire de recevoir de ses pairs le plus éclatant
témoignage de confiance, d'estime et d'affection. » (1).

Cette présidence devait être quatre fois renouvelée,
quatre fois acclamée!

Notre circulaire du 20 février 1891 pour la réélection
présidentielle, a donné lieu à un nouveau scrutin, à
une nouvelle unanimité, ajoutant encore à l'éclat de
cette belle couronne que l'Association générale des
médecins de France avait déjà trois fois placée sur la
tête de M. H. Roger. (2)

Hélas, le cher élu ne put entendre le rapport dans
lequel M. de Ranse traduisait les sentiments du Conseil général et ceux des Sociétés locales.

Le 5 avril 1891, M. le vice-président Lannelongue
remplaçant M. Roger, donnait lecture du message que
le malade adressait à l'Assemblée.

« Très affectionnés et fidèles électeurs, empêché par
la maladie, ce m'est un profond chagrin de manquer
à la grande fête de la famille médicale. Vos votes répétés m'ont presque fait président perpétuel. Mon
cœur de vieil ami battra jusqu'au dernier jour pour
l'Association. »

Jamais président n'a rempli ses fonctions avec une
plus scrupuleuse exactitude. Celui qui, pendant ces
quinze années de présidence, n'avait jamais manqué
une séance du Bureau ou du Conseil, se vit contraint
le 9 janvier 1891, de s'excuser auprès de ses collègues, et
de les prier de lui pardonner cette première absence
causée par la maladie. Hélas ! il ne devait plus reprendre le fauteuil de la présidence, ni reparaître dans la
salle de nos séances.

(1) *Assemblée générale de 1886.*
(2) *Assemblée générale de 1891.*

Chacun sait que M. H. Roger ne s'était pas montré moins soucieux de remplir fidèlement son rôle de membre *Sociétaire général* de l'Association.

Si le titre de Président général de l'Œuvre des médecins de France était porté avec bonheur par M. H. Roger, il était plus fier encore de cet autre titre plus modeste, mais obtenu, celui-là aussi, par le suffrage de ses collègues de chaque Société locale.

Alors qu'en 1876, toutes les Sociétés le mettent à leur tête, avec les titres de président d'honneur ou de président honoraire, il s'écrie : « Je ne sollicite que le titre de *sociétaire général*. Croyez-moi, chers frères, je suis plus jaloux du rang que j'aurai dans vos cœurs que de celui que je tiendrai dans notre république confraternelle (1). »

Il avait raison.

L'Association générale est comme une voûte qui ne se soutient que par l'appui mutuel et l'agrégation de toutes ses parties. Cette formule, Sénèque l'appliquait à la Société romaine; M. H. Roger à l'Association et à ses nombreuses Sociétés agrégées.

Être membre de chacune, n'était-ce pas établir entre elles un lien de plus? Et puis, une raison que M. Roger n'avouait pas, c'est qu'il trouvait là un excellent prétexte à de nouvelles libéralités. S'il appartient à toutes nos Sociétés, il paye partout, à ce titre, sa cotisation. Il payera aussi de sa personne, toutes les fois qu'il pourra se rendre à l'appel de ses collègues des départements.

Tant que sa santé le lui permit, vous vous rappelez Messieurs, avec quel bonheur M. H. Roger acceptait d'aller présider les Assemblées de nos Sociétés locales et de porter partout la bonne parole.

Pour vous, Messieurs et chers collègues des départements, nous savons combien vous teniez à honneur d'avoir à votre tête le Président général. Sa présence rendait toutes choses faciles: à l'efficacité de ses conseils, à l'autorité de sa parole, s'ajoutait cet attrait

---

(1) *Assemblée générale de 1878.*

indéfinissable qu'exerçait partout ce *vir probus dicendi peritus.*

Plus tard, ses visites devinrent moins fréquentes, ses lettres y suppléaient, et quand ses forces déclinèrent, avec quelle scrupuleuse exactitude, et quels spirituels billets ou télégrammes, il s'excusait de ne pouvoir satisfaire à tant de sollicitations affectueuses, à des devoirs tant aimés !

Chaque année, l'Assemblée générale venait consolider l'OEuvre professionnelle, en affirmer l'extension et le progrès. C'était, pour M. H. Roger, l'occasion de nouvelles générosités et de nouveaux triomphes oratoires.

Les années s'ajoutent aux années, les discours aux discours, et cependant, il parle toujours avec un égal bonheur. C'est le même fond, il le faut bien ; mais comme il sait le varier ! C'est la même forme ; — elle est si charmante que l'on ne se consolerait pas qu'il en changeât ! — mais comme il est habile à la renouveler, à la rajeunir !

J'ai relu, du premier au dernier, tous ces petits chefs-d'œuvre. Le premier en date était un succès ; le dernier montre une verve qui ne tarit pas, un enthousiasme qui ne saurait vieillir, une foi inébranlable dans l'OEuvre, objet de tant d'années de soins et d'amour.

Cette éloquence-là n'était plus son éloquence académique ; c'en était une autre, moins solennelle, souvent familière, traduisant la tendance humoristique de son esprit. La bonhomie y était la note dominante.

L'Association générale des médecins de France a eu sa bonne part de cette aimable et gracieuse éloquence où l'esprit et le cœur du maître rivalisaient pour nous charmer.

Comme ce style peint bien l'homme ! Quelle originalité dans ces charmantes esquisses, tracées par lui de main de maître, de nos bienfaiteurs, de nos bienfaitrices ! Dans nos réunions amicales et confraternelles, s'il laisse souvent — qui s'en plaindrait ? — un libre cours à sa verve originale, aux saillies de son

esprit, ne craignez pas que jamais il se désintéresse à
ce compte des devoirs de sa mission, que jamais il
oublie les questions vitales de notre Œuvre. Pour la ser-
vir, il parle le langage d'un père, d'un ami, d'un apôtre !

C'est avec une véritable onction évangélique qu'il
adresse ses appels charitables :

« Aimons-nous », dit-il, et il insiste sans cesse sur
ce précepte.

Nous appelle-t-il au secours des misères confraternelles ?

« Avant que n'éclatent les menaces cachées de la
mort, disait M. H. Roger, dans son discours de 1879,
hâtons-nous de donner ces biens dont elle est prête
à nous dépouiller ainsi que de nos titres et honneurs,
mettons-les en sûreté dans le sein des pauvres »

Invoque-t-il la nécessité de l'union ? La Fontaine lui
prête ses traits les plus charmants :

Soyez joints, mes enfants ; que l'amour vous accorde !

Grâce à vous, Messieurs, ce bon grain ne se perdait
pas sur une terre aride ; il trouvait, pour germer, un
sol généreux dans toutes nos Sociétés.

Vous aimiez à citer ce maître en charité et en bonne
humeur, et vous savez que plus d'une situation délicate, difficile, a cédé aux inspirations de son éloquence
entraînante

Vient-il de recevoir de ses coassociés, une nouvelle
confirmation de ses pouvoirs présidentiels, il s'écrie,
avec un véritable lyrisme, en appliquant à l'Association un passage bien connu de Bossuet :

« Si je t'oublie, chère Association, puissé-je m'oublier moi même ; que ma langue se sèche et demeure
immobile dans ma bouche, si tu n'es pas la première
dans mon souvenir, si je ne te mets pas au commencement de tous mes chants de réjouissance ! »

Vous croyez peut-être qu'au moins dans ses toasts
pour les banquets de l'Association, M. H. Roger
oubliait son ardent apostolat ? Détrompez-vous. Dans
ce feu d'artifice de saillies charmantes et de spiri-
tuelles boutades, il y a toujours, — comme chez La

Fontaine, — un auteur qu'il relisait sans cesse, — la part de la morale. Il vous a charmés ; — il tient surtout à vous convaincre, et son dernier trait est toujours une vérité soulignée, accentuée, rendue inoubliable par l'effet d'un si habile et heureux contraste.

M. H. Roger aimait trop la perfection pour improviser. Quand il écrivait un projet de discours, il poussait à l'extrême le désir de se corriger. Jamais satisfait, je le voyais remettre son ouvrage sur le métier..... un peu plus de fois que Boileau ne l'exige, et, comme si ce n'était pas assez de cette impitoyable critique pour lui-même, il sollicitait sans cesse celle de quelques intimes. Une préparation aussi parfaite, aussi conciencieuse, une difficulté extrême à se contenter, — tant il tenait au mot propre, et au bien rendu de sa pensée ! — excluaient, on le conçoit, le goût de l'improvisation qui ne saurait se montrer aussi exigeante. D'ailleurs, son père n'avait-il pas, en 1824, fait au Corps législatif un rapport dans lequel il repoussait la proposition d'interdire par le règlement les discours écrits ? La Chambre avait donné raison au Rapporteur. Non moins séduit par les arguments paternels, M. H. Roger s'en autorisa pour toujours lire les discours qu'il prononçait.

Les actes étaient en harmonie avec les paroles.

Pendant quinze années, l'éloquence de M. H. Roger a tenu les huit mille membres de l'Association dans les liens de la concorde, de l'union. Irrésistible charmeur, il avait le don de semer l'affection et de recueillir la paix ! Pendant quinze ans, n'a-t-il pas enseigné aux moins enclins à la bienfaisance, la joie d'une bonne œuvre accomplie, le bonheur de partager avec d'autres moins heureux les dons de la fortune ou les gains d'un travail opiniâtre, sanctifié par un but charitable ! Pendant quinze ans, M. H. Roger s'est montré un apôtre infatigable, apprenant aux autres ce qu'il fallait faire, ouvrant lui-même et son cœur et sa bourse !

La caisse de l'Œuvre a largement bénéficié de cet ardent apostolat. Les cadres de l'Association lui doivent aussi de nombreuses recrues.

Que d'adhérents, que de sociétaires gagnés par sa parole, ou son exemple !

Et d'abord, il aimait à faire appel aux jeunes médecins. M. H. Roger savait que, pour assurer leur développement, les Œuvres doivent voir au-delà de l'heure présente, appeler à elles la jeunesse, et lui donner leur confiance : car la jeunesse, Messieurs, c'est la vie, c'est le progrès, c'est l'avenir.

Il prélevait un véritable tribut sur les nouveaux Académiciens. S'il promettait sa voix à un candidat, ce n'était jamais sans réclamer une charitable et large contribution pour l'Association ; il fallait acquitter, en entrant, la dette confraternelle.

Assidu auprès du lit de ses confrères malades, il savait leur inspirer de généreuses résolutions, et vanter la douce consolation de faire aux malheureux de la profession une dernière et libérale offrande.

Que de fois il venait me confier ses efforts pour recueillir des adhérents, des bienfaiteurs nouveaux ! Quelle ardeur en sa poursuite, ardeur sans défaillance et sans découragement ! Un jour, c'est un confrère, indifférent jusque-là, qu'il fait rougir de son égoïsme et nous amène tout pénitent. Une autre fois, c'est la veuve d'un riche confrère ; elle résistait à faire la part de l'Association : il la convertit. Il me raconte avec joie le trait dont il a percé ce cœur ingrat ; il me montre les billets arrachés à la victime de cette charitable violence.

La victoire n'est pas toujours si facile. M. H. Roger a dû faire un siège en règle. Un premier assaut est livré. La place résiste. Nouveaux efforts. Mais l'Assemblée générale approche. L'assiégeant redouble ses attaques.

Enfin, un jour vient où M. H. Roger entre chez moi d'un air qui ne laisse plus de doute sur son triomphe. Il a, sur le visage, la joie du succès et, dans sa poche, les preuves matérielles de la victoire. Avec quel accent il s'écrie : « Je vais porter cela à notre cher Trésorier ! »

Il lui portait aussi ses libéralités personnelles pour lesquelles il trouvait toujours un nouveau prétexte.

Chacun de vous le sait : M. H. Roger a donné douze cents francs de rente à la Caisse des pensions viagères de l'Association ; il a perpétué sa cotisation ; et, pendant seize années, il a versé sa contribution, comme sociétaire général, à toutes les Sociétés locales.

Enfin, pendant sa dernière maladie, il m'a remis un titre de cent francs de rente 3 0/0, destiné à notre Caisse des pensions.

Que je voudrais, pour le remercier aujourd'hui, en notre nom à tous, avoir ce don qu'il possédait si bien, de faire valoir les libéralités d'autrui, et de les mettre en lumière ! Votre reconnaissance, Messieurs, saura suppléer à l'insuffisance de mes paroles.

Ces années de présidence auraient été bien autrement fécondes encore, sans les obstacles que l'Œuvre n'a cessé de rencontrer, pour son fonctionnement, auprès des pouvoirs publics. On cite volontiers, — on en imprime la liste (1) — les bienfaits qu'elle répand, les pensions qu'elle accorde, les secours qu'elle multiplie ; mais à chaque libéralité que provoquent les services rendus par l'Association, il faut à notre président, à notre trésorier des efforts surhumains, des luttes de plusieurs années pour triompher de certains scrupules juridiques, et obtenir que la lettre de la loi qui nous régit, n'en étouffe ni l'esprit ni l'équité. Sans doute, à l'honneur de M. H. Roger, la lutte a été victorieuse *dans tous les cas* ; mais, consacrés à d'autres soins, que n'auraient pas produit tant de temps et de peines !

Le rôle bienfaisant et charitable de l'Association, pendant cette longue période, a dépassé toutes les espérances. Il a permis à M. H. Roger — après des présidents comme les Rayer et les Tardieu — de donner un cachet d'originalité, un caractère personnel à sa direction. C'est le type par excellence de la présidence charitable ; l'esprit confraternel, l'idée unioniste triomphent ; ce sera là une des gloires de M. H. Roger.

L'Œuvre des pensions viagères d'assistance, créée

(1) *Rapport sur les opérations des Sociétés de secours mutuels de France, présenté à M. le Président de la République, par M. le Ministre de l'Intérieur.* 1890.

en 1863, par l'Association générale des médecins de France, ne devait entrer en exercice qu'après quinze années, c'est-à-dire en 1878, quand serait atteint le capital de 300,000 francs. Mais, grâce à l'activité de M. Brun, dont le nom restera éternellement attaché à cette admirable fondation et à son développement inespéré, grâce à l'ardent apostolat de M. H. Roger, incessamment occupé, *verbo et exemplo*, à attirer à cette caisse les plus généreuses libéralités, le capital de la caisse des pensions dépassant, dès 1873, la somme de 500,000 francs, le service des pensions put commencer en 1874, au lieu de 1878.

L'élection présidentielle de 1876 coïncidait avec le début de cette Œuvre. Alors, Messieurs, on sentait, dans toute sa plénitude, le prix d'un bienfait dont l'habitude ne paraissait pas pouvoir atténuer la valeur. L'enthousiasme est général. M. H. Roger l'encourage.

En 1876, le capital de la *Caisse des pensions* est de 408,660 francs ; le nombre des pensions accordées depuis l'origine s'élève à 37 ; celui des pensions pour 1876 est de 10 ; le chiffre de la pension varie de 300 à 600 francs.

En 1891, à la dernière année de présidence de M. H. Roger, le capital de la caisse des pensions s'est élevé à 1,416,678 francs ; le nombre des pensions accordées depuis l'origine est de 224 ; celui des pensions votées pour l'année 1891 est de 20, et le taux de toutes les pensions est, depuis 1886, de 600 francs..... en attendant mieux.

Les *secours* ont grandi dans une non moins frappante proportion :

De la somme de 28,758 francs, qui représentait les secours accordés en 1876, ces allocations se sont élevées à 57,855, en 1891.

Les intérêts professionnels ont-ils été, pendant cette période de seize années, l'objet d'une égale sollicitude? Impossible d'en douter quand on relit les ordres du jour de ces quinze assemblées générales. Tant de questions traitées ne témoignent-elles pas de l'activité des Sociétés locales, du Conseil général, et de son Président? (1)

Pourquoi ces travaux, pourquoi de tels efforts n'ont ils pas tous abouti, au gré de nos vœux? La faute n'en a été, ni à notre Président, ni à nos rapporteurs, ni au Conseil général. En vain on a multiplié les démarches. En vain l'élément médical a été largement représenté dans le Parlement. Après tant d'années de luttes, de rapports, d'enquêtes et de discours, où en est la solution de quelques-unes de nos plus pressantes réclamations? Les services des médecins sont toujours de ceux que l'on estime, puisqu'on les *requiert*; mais il semble qu'un tel honneur doive suffire à notre ambition. — L'Association s'efforce-t-elle d'obtenir la

(1) J'indique seulement les plus importantes de ces questions, qui ont été l'objet de rapports et de discussions dans le Conseil et les Assemblées générales : *Exercice illégal de la pharmacie; Exercice illégal de la médecine*, (1876). — *Demande de reconnaissance d'utilité publique, en faveur de l'Association générale; Modification à apporter 1° aux lois de l'an XI; 2° au règlement des honoraires accordés aux médecins légistes*. (1877). — *De l'action des médecins en payement d'honoraires et de la prescription qui peut leur être imposée* (1879). — *Du secret médical; Proposition d'élever de 12 à 20 fr. le taux de la cotisation annuelle; Les rapports des médecins avec les Sociétés de secours mutuels; La question de la médecine sur le territoire français par les médecins étrangers; Projet d'assurances sur la vie entre médecins*, (1880). — *La double patente des médecins exerçant dans les stations d'eaux minérales; L'assistance médicale dans les campagnes; Les rapports des médecins avec la justice et le droit de réquisition* (1881). — *Législation de l'exercice de la médecine, et proposition de loi*, (1883). — *La question des syndicats médicaux.* — *Projet d'institution d'un Ordre des médecins*, 1884). — *La déclaration des décès* (1885). — *L'examen du projet de loi du Gouvernement sur l'exercice de la médecine* (1887). — *Le vote cumulatif des délégués des Sociétés locales* 1888). — *La mise au concours de toutes les places de médecins d'hôpital; L'Assistance médicale dans les campagnes* (1889). — *La révision du décret du 18 juin 1811, réglant les honoraires des expertises médico-légales; Les questions d'assurance et d'assistance en cas de maladie* (1890. — *Exposé de l'enquête sur la question de l'assurance en cas de maladie; Une nouvelle organisation de la médecine légale* (1891).

reconnaissance d'utilité publique? L'Etat lui a imposé
des conditions que, jusqu'ici, elle n'a pu accepter.

Elle poursuit l'exercice illégal ; mais elle rencontre
souvent des magistrats moins émus qu'elle-même de ce
fléau, et préts à faire de la mansuétude, au détriment
des médecins honnêtes, des malades, et de la morale.

Elle demande une bonne loi sur l'exercice de la médecine, le règlement de toutes les questions litigieuses,
pendantes depuis près d'un siècle : M. H. Roger, malgré sa longue vie, n'aura pas vu cette terre promise,
objet, de la part de l'Association, de tant de travaux
et d'efforts.

Mais voici un terrain sur lequel l'Œuvre est plus maîtresse de ses destinées. L'Association songe à assurer
une indemnité à ses associés, en cas de maladie. Tout
le monde applaudit au principe; l'application exige
des ressources considérables, des combinaisons financières nouvelles, qui ne sont pas l'affaire d'un jour.
Des enquêtes sont faites, des études sérieuses entre-
prises. C'est alors que notre vénéré Président, M. H.
Roger, nous est enlevé, au milieu de ces travaux,
sur la brèche, comme il convient pour cet ardent et
infatigable représentant du devoir et de la charité.

VII

Depuis le commencement de 1891, un mal étrange,
insidieux, avait atteint M. H. Roger. Il se vit privé
d'assister à l'Assemblée générale. Rédigée par nos soins,
séance tenante, une adresse exprimait les vœux de
tous pour la guérison du cher malade ; elle fut immé-
diatement couverte de signatures. Ses yeux se rempli-
rent de larmes, lorsqu'il reçut cette nouvelle preuve
d'affection.

Du 5 avril 1891 au 15 novembre, sans maladie carac-
térisée, mais plutôt par le seul progrès de l'âge, celui
qui n'avait jamais été malade, celui qui — il me le disait
encore l'année précédente — n'avait jamais gardé le lit
pendant une journée, vit ses forces décroître et assista
heure par heure, au déclin lent, mais inévitable, de l'é-

nergie vitale. Hélas ! devant ce cruel spectacle, le clinicien restait armé de toutes ses facultés intellectuelles, encore avivées, pour ainsi dire, par la diminution graduelle des forces physiques ; il s'appliquait à lui-même les règles si sûres de son expérience, pour poser le diagnostic et le pronostic de son état ; il analysait, avec la plus lumineuse perspicacité et la plus froide observation, tous les symptômes de cette décadence ; il pesait, stoïque, ce qu'il lui restait de chances de salut, ce que chaque heure, ce que chaque crise lui enlevaient d'espérances, réglant, avec un courage, une sérénité bien rares et une lucidité qui ne faiblit pas un instant. toutes ses affaires, les éternelles comme les temporelles : « L'heure est venue, disait-il, de penser sérieusement aux choses sérieuses. »

Si cette âme généreuse eut, pendant les approches d'une mort trop prévue, quelques heures troublantes, c'est à sa générosité même qu'elle dut cette épreuve.

Faire le bien n'est pas toujours l'œuvre facile que l'on croit. Plus d'une préoccupation lui venait de la conscience avec laquelle il pesait toutes ses décisions, du sentiment profond qu'il avait de sa responsabilité, comme Président de notre Association. Placé entre son désir du progrès, la crainte de le retarder, l'impossibilité de s'engager sans être assuré de pouvoir tenir sa promesse, et sa résolution de ne pas livrer à l'inconnu ou à des utopies dangereuses le patrimoine formé, pendant trente années, par les versements statutaires, les générosités et les sacrifices de ses co-associés, il ne voyait plus ce qu'il avait fait, mais ce qu'il aurait voulu faire.

Sur son lit de douleur, et pendant ces onze mois de maladie, je ne l'ai jamais vu une fois, sans qu'il s'entretînt avec moi de ces questions. Elles hantaient ses veilles, et je dois dire que les dernières paroles que j'ai entendues de sa bouche, déjà prêtes à se clore pour jamais, montraient combien il eût voulu réaliser les vœux que je lui transmettais en votre nom ; elles étaient aussi une prière pour que l'Œuvre ne portât jamais atteinte à l'union qui fait sa force.

Telles étaient les pensées d'affection et de haute prévoyance qui occupaient sans cesse ce maître vénéré, cet homme de bien.

Il a eu la consolation de se voir toujours entouré des soins les plus affectueux et les plus éclairés. Des professeurs de la Faculté, des confrères de l'Académie venaient chaque jour lui prodiguer leurs conseils. Il ne parlait qu'en pleurant du zèle et de l'affection que lui montraient ses infatigables amis.

Pendant cette longue et cruelle période — presque une année — Madame Roger veilla, avec un admirable dévouement et une sollicitude au-dessus de ses forces, au chevet du malade, dans cette obscurité absolue que rendait nécessaire l'impossibilité pour M. Roger de supporter la lumière même la plus adoucie. Onze mois d'angoisses et d'insomnie !

C'était, au milieu de tant de souffrances et de tris-tesses, une éclaircie dans cette nuit sombre, quand on pouvait donner au malade quelque nouvelle de son Œuvre de prédilection, lui parler de ses amis, de ses collègues, de ses élèves.

Enfin, l'heure des visites ou consultations de ses mé-decins-amis était pour M. H. Roger comme un souve-nir du temps heureux où il pouvait s'entretenir des choses de l'Académie et des grands intérêts de la pro-fession. Une heure avec eux lui faisait oublier des nuits sans sommeil et l'espoir perdu de sa guérison ; tant étaient doux pour lui les plaisirs de l'esprit et le charme de l'amitié !

M. H. Roger avait pris le lit, dans les derniers jours de décembre 1890 ; il ne devait plus le quitter.

Au mois de novembre 1891, une crise plus aiguë lui annonça l'approche de ses derniers moments.

Les soins dont il était entouré l'aidèrent à la sur-monter, et lui rendirent encore quelques jours de calme.

Le 15 novembre, au matin, muni des espérances et des secours fortifiants de la religion, celui qui avait été un modèle si accompli de la charité, celui qui avait si noblement et si largement pratiqué le précepte évangélique qui nous ordonne de nous **aimer et de nous** secourir les uns les autres, s'éteignait **doucement, au** milieu des siens, assisté par sa noble et **courageuse** femme et par sa famille.

Vous savez, Messieurs, ce que furent les obsèques de M. H. Roger. Au deuil de sa famille s'associèrent officiellement la Faculté, l'Académie de médecine, l'Administration des Hôpitaux et l'OEuvre des médecins de France. Télégrammes, lettres, couronnes, délégations de toutes nos Sociétés fédérées, de France et des colonies, venaient sans interruption affirmer les regrets unanimes des membres de l'Association.

Le défunt avait voulu qu'aucun discours officiel ne fût prononcé sur sa tombe, laissant à quelques amis le soin de rappeler son souvenir, dans chacune des grandes institutions auxquelles il avait appartenu.

Plusieurs ont déjà accompli ce devoir, à leur honneur et à la gloire du Maître.

Pour moi, puissé-je, en faisant ici l'éloge de notre Président, n'avoir pas trahi l'amitié si chère qui avait confié à ma trop faible voix cet hommage suprême !

Puissé-je avoir laissé dans vos esprits une idée de cette vie si féconde, si digne d'être imitée, une idée de cette présidence, de ces bienfaits ayant droit à notre éternelle reconnaissance ! Puissé-je avoir jeté dans vos cœurs, Messieurs et chers collègues, une étincelle de l'amour qui enflammait le cœur de M. H. Roger pour l'OEuvre destinée à relever la condition sociale, la dignité, le bien-être des membres de la profession médicale : l'Association générale des médecins de France !

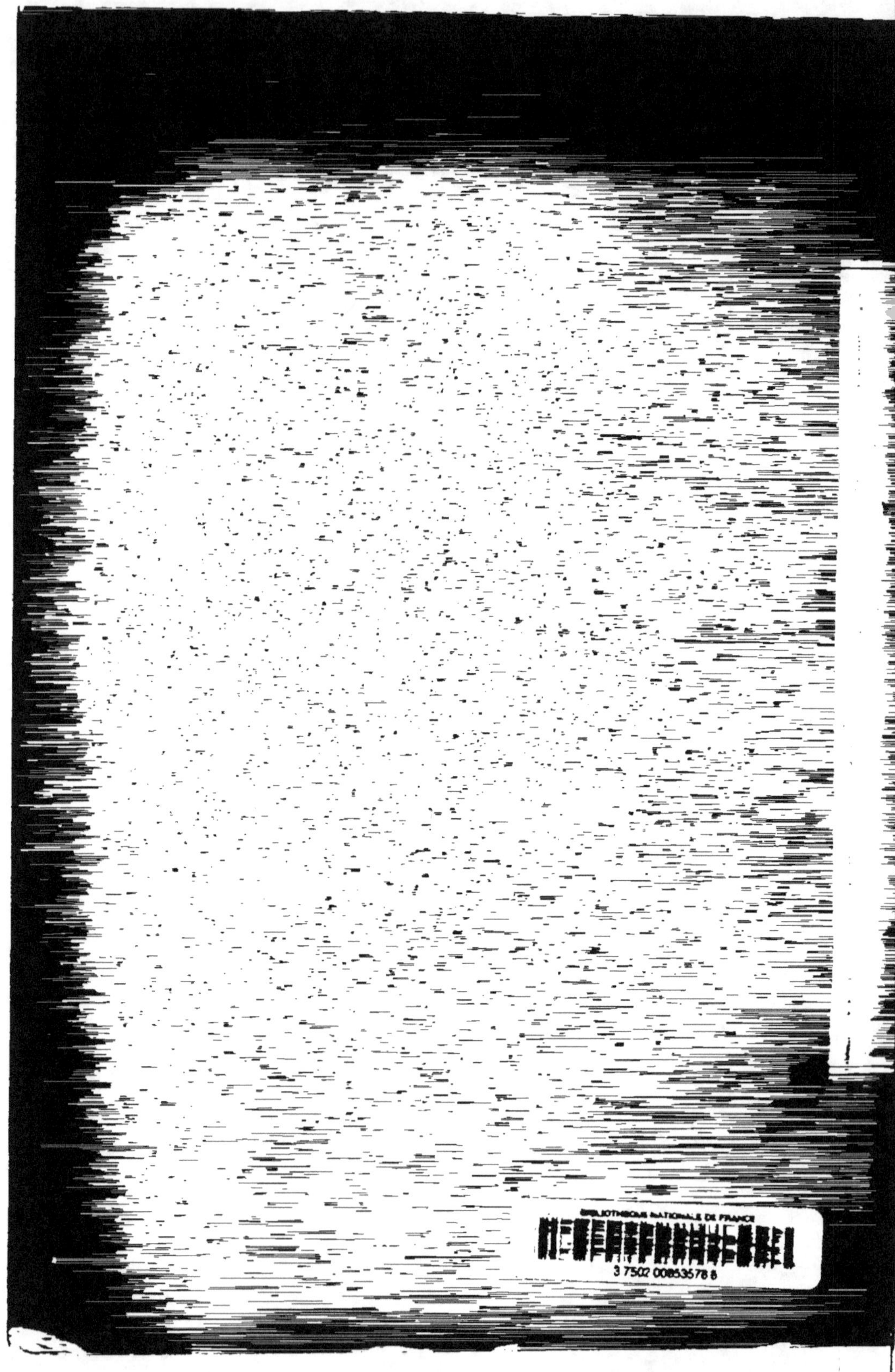

www.ingramcontent.com/pod-product-compliance
Lightning Source LLC
LaVergne TN
LVHW010328030726
842520LV00004B/1327